문학과지성 시인선 230

아무렇지도 않게 맑은 날

진동규 시집

문학과지성사

문학과지성 시인선 230
아무렇지도 않게 맑은 날

초판 1쇄 발행 1999년 10월 11일
초판 11쇄 발행 2020년 12월 3일

지 은 이 진동규
펴 낸 이 이광호
펴 낸 곳 ㈜문학과지성사
등록번호 제1993-000098호
주   소 04034 서울 마포구 잔다리로7길 18(서교동 377-20)
전   화 02)338-7224
팩   스 02)323-4180(편집) 02)338-7221(영업)
전자우편 moonji@moonji.com
홈페이지 www.moonji.com

ⓒ 진동규, 1999. Printed in Seoul, Korea

ISBN 978-89-320-1111-0 03810

이 책의 판권은 지은이와 ㈜문학과지성사에 있습니다.
양측의 서면 동의 없는 무단 전재 및 복제를 금합니다.

문학과지성 시인선 230

아무렇지도 않게 맑은 날

진동규

1999

시인의 말

　소떼를 몰고 판문점을 넘으면서 神話를 짓는 정주영 회장을 보면서 나는 또 한 권의 시집을 묶고 싶었다. 언어를 나누는 일이야말로 남북이 하나됨 그 자체가 아니겠나 싶어서였다.
　내 이웃들의 이야기랑 또 우리 동네 풍광들, 그리고 들길에서 만났던 들꽃 하나까지 꼼꼼히 챙기고 싶었다. 그래서 이 한 권의 시집을 들고 판문점을 넘고 싶었다. 그것이 당장 내가 해야 할 일인 성싶었다.
　언젠가 다가공원의 긴 나무 의자에 버려진 신문 속에서 비에 젖고 있는 소녀를 만난 일이 있었다. 평양의 거리, 수신호를 보내고 있는 교통 안전원의 모습이었다. 감히 나는 그 소녀의 검은 머리 위에 꽂아줄 한 송이의 꽃을 생각하며 가슴이 설렌다.

1999년 10월
진 동 규

아무렇지도 않게 맑은 날

차 례

▨ 시인의 말

제1부 기린봉에 달 오릅니다
눈썹 끝에 연꽃 피는/11
댁건너 대수리를 잡습니다/12
좁은목 약수를 마십니다/13
숯이 다 된 가슴 쓸어드리고/14
누른 잎 지고 풍경 소리 깊습니다/15
파랑새 울음을 웁니다/16
가라고 가랑비 있으라고 이슬비/17
꽃봉오리 속 꿀물 흘러서/18
털리는 별빛을 쪼으며 새들은/19
기린봉에 달 오릅니다/20

제2부 연안의 잔물살 같은
동지/23
세한도/24
이층 창유리의 구도/25
아무렇지도 않게 맑은 날/26
가을 도드리 1/27
가을 도드리 2/28
青梅/29
아미산/30

울음꽃/31
다 저문 날/32

제3부 톱밥 난로가 타는 방
석류, 노을/35
사구아로꽃/36
지리산에서/38
종이학/39
겨울산 어둠은/40
톱밥 난로가 타는 방/42
불꽃/44
선운사 동구/46
그냥 나도 손만 쓱 내밀고/47
산문을 나서며/48

제4부 꽃불을 밝히고
참꽃/51
팬지꽃 1/52
팬지꽃 2/53
팬지꽃 3/54
박꽃 피는 밤길/55
진눈깨비 속 허리를 펴는/56
통일이용원/58
증권 시장/59
무우게꽃/60

제5부 아름다운 사람들

鵲村 조병희/63

이병훈/64

휘파람꽃/65

누님꽃/66

삼례 김춘식/67

신재효/68

권삼득의 소리 구멍/69

길주 삼촌/70

상쇠 양순용/72

제6부 그 빈자리

등꽃 아래서/75

포장마차/76

적/77

저 빛, 장엄한/78

용담꽃/79

낙숫물/80

꽃잎들이 날립니다/81

은행나무 아래서/82

벚꽃길/83

발자국/84

성에꽃/85

눈 오는 대낮/86

눈꽃/87

목련/88

들길을 나서자/89

은하로 흐르리니/90

피는 꽃/91

매화/92

강가에서/93

▨ 해설·고향에서 부르는 행복의 노래·김치수/94

제1부
기린봉에 달 오릅니다

눈썹 끝에 연꽃 피는
──德津採蓮

 젊은 장수 견훤은 반월성 짓고 눈 지그시 앉아 눈썹 끝자리쯤 해서 연못을 팠습니다. 말 한마디 없이 해낸 일이고 보면 그 속 헤아릴 수야 없겠습니다만, 선화 공주랑 배 띄우고 놀았던 서동의 미륵사 연뿌리 옮기어 꽃 피게 하였던 것을 보면 글쎄, 아마도 무왕 대에 현신하지 않은 미륵을 당신은 꼭 보리라 믿었던 것 아닌가 싶습니다.
 야심찬 대왕님 그때 반월성은 흔적도 없고 아스라한 세월의 눈썹 끝자리 철 찾아 연꽃 흐드러지게 피고 지고 그러는 걸 보면 고개 숙이는 그대 진정 선화 공주이려니 싶어 가슴 두근거리고 그럽니다.

댁건너 대수리를 잡습니다
―― 月岩撈摸

　살던 집은 텃자리까지 파버렸습니다. 그 이웃까지 뒤집어 파서 앞내 끌어 휘돌아 가게 하였습니다. 깊고 깊은 소를 만들어버렸지만 그때 그 집 주인이 반역했다고, 그래서 전주천 물이 거꾸로 흐른다고, 북으로 흐른다고 소문내고 그런 속셈 알 만한 사람은 다 압니다.

　댁건너* 마을 사람들은 上竹陰 下竹陰하면서, 구름처럼 모여들었던 선비들의 죽음 그 떼죽음을, 서방바우 각시바우 애기바우 그 피울음을, 상댁건너 하댁건너 점잖던 자기 마을 이름 위에 불러보기도 해보지만, 어떻게 변명 말씀 한번 엄두를 못내고 죽어 지내왔습니다.

　그 집 뒷산 월암에 달이 뜨면 댁건너 사람들은 월암 아래 소에 들어 대수리**를 잡는답니다. 관솔불들을 밝히고, 주춧돌 기둥뿌리 항아리 깨진 것, 뭐 그 집 주인 뼛속까지 빨아 먹고 자란 대수리들을 잡는답니다. 일삼아 잡아내고 그런답니다.

　* 댁건너: 선조 22년 기축옥사 때 서인들에 의해 화를 입은 정여립의 집 건너 마을 이름. 윗마을을 '상댁건너,' 아랫마을을 '하댁건너'라 부른다.
　** 대수리: 다슬기

좁은목 약수를 마십니다
──寒碧晴煙

　도조인지 익조인지 환조인지, 아무튼 이태조 웃할아버지는 소싯적 전주천 한벽당 돌아 병풍바위 밑에 소나비를 피하다가 그 바위 무너지는 순간에 빠져나와 목숨을 구했답니다. 저고리도 벗어던지고 빠져나왔습니다만, 피하지 못한 동네 아이들은 그 자리에 다 죽고 말았답니다. 그때 흘린 피 아직 바위 밑이며 냇바닥에 붉게 붉게 남아 있어서 아침 저녁 파랗게 질려 떨며 있는데요, 푸른 연기 피워올리며 있는데요, 그 물이 약이 된다던가요? 동네 사람들 좁은목을 꽉 메운답니다. 수돗물 금강물, 냄새 나는 물보다야 약숫물이 안 낫겠느냐고 사뭇 전쟁입니다. 물통 밀어대면서들 웃고 그럽니다만 바윗돌에 깔리는 모습이, 살겠다고 웃통 벗고 도망치는 모습이, 푸른 연기 속으로 아른거리고 그럽니다.

숯이 다 된 가슴 쓸어드리고
──金山彌勒

  숯을 모아다가 못을 메웠답니다. 길이 타고 들이 타고 산이 타서 된 숯, 그 숯 죄다 모아다가 마동이 마 캐 씻던 못을 메웠답니다. 백제 사람들 속이 시커멓게 타서 된 숯가루까지 쓸어다가 마 씻던 못을 메웠답니다.
  마동이 시절도 천년 왕실도 다 떨쳐내고 몸까지도 버리셨으니, 순금이 죽순처럼 자라던 금산, 마 캐던 산자락 이제 미륵으로 되오시라고 마 씻던 못 위에, 검은 숯덩이 위에 미륵전 세웠답니다. 지체 말고 오시라고 미륵전 미륵님은 그렇게 선 채로 크다랗게 모셔 지성을 다 드린답니다.
  지금도 백제 사람들 그 절 숯검댕이 밥솥을 한 번씩 어루만지며 아들을 빌고, 미륵을 빌고 그러는데, 그러면 아들 하나는 틀림없이 얻는 모양인데, 그 밥솥 밑에 갇혀 살던 견훤의, 숯이 다 된 가슴 쓸어드리고 미륵 같은 아들 하나 얻는 것이랍니다.

누른 잎 지고 풍경 소리 깊습니다
―― 南固暮鐘

　왜군 토벌대장 이성계의 무용담보다, 오목대 이목대 넘실대는 춤사위보다, 뉘엿뉘엿 녹아 흐르는 가을 햇살에 끌려서 슬몃 술자리를 빠져나가 한달음으로 남고산성을 올랐던 것, 말 좋아하는 전주 유림들은 정몽주 선생 그때 이성계 거동 하 수상쩍어서 가슴엣피 등창으로 죽은 견훤왕, 견훤성에 올랐더니라고, 그래 임금 계신 북쪽을 향해 절하고 울고 그랬더니라고 그러는데, 거기 바위 위에 바위보다도 더 크게 일필휘지로 남기신 말씀은 萬景臺, 누른 잎 지고 풍경 소리 깊습니다.
　아 그러고 보니 그 독하던 가을 햇살 잠재우던 종소리, 그 저녁종 소리가 천경대 만경대 다 지어놓은 것을 알겠습니다. 정포은 선생 휘적휘적 오르던 발소리까지 역력하게 들려주고 그럽니다.

파랑새 울음 웁니다
——多佳射侯

  휘어도 휘어도 꺾일 수 없는 활, 하루에도 몇 번씩 시위를 당깁니다. 수렁에 빠져도 사는 그 억척의 물소뿔을 휘어 쑤꾸욱 쑥쑤꾹 억겁의 세월 날고 풀어 시위를 당깁니다.

  진안 곰티재 아기바투 목구멍에 쏘아 박고 만수산 드렁칡을 당기어 정몽주 뒤통수에 날린 살, 단풍보다 더 붉게 다가산을 덮어 흐르던 동학의 꽃붉은 함성, 타는 보리 모가지에 또 한 대 살을 날립니다.

  금강 섬진강 만경강 황토땅 흐르던 파랑새 울음을 시위는 울어줍니다. 맨발의 견훤대왕 등창에 박히어 울던 살, 오늘은 그대 가슴의 찬 바위에 쏘아 박을 한 대 살을 재어봅니다. 시위를 당깁니다.

가라고 가랑비 있으라고 이슬비
―― 三川細雨

 그저 그만그만한 등성이 논두렁 밭두렁 흐르는 삼천천, 雨田面 가랑비를 완산 제일의 경관으로 꼽았습니다. 병풍처럼 둘러친 층암 절벽도 없고 한 자락 폭포도 없지만, 봄이면 황도 백도 흐드러졌거니, 삿갓에 도롱이 입고 오는 벗 있으면 무릉이 따로 있겠느냐고 입바른 사람들은 말들을 하지만, 가라고 가랑비 있으라고 이슬비, 베 적삼 젖어보지 않고 하시는 말씀이지요. 玉女峰 臥牛峰 天蠶峰에 베틀 매어놓고 치르는 그 야단법석을 보지 못하고 하시는 말씀이지요. 하늘에서 실비 내리는 게 아니라 금실은실 하늘로 뽑아 올리는 것, 하늘잎을 먹고 자란 하늘누에, 하늘실 뽑아 올리는 것, 베 짜는 옥녀 옆에 눈 큰 황소 물무늬 눈물무늬로 워낭 소리 먹여대면 호남들은 온통 잔치만, 우금치 나갔던 동학군까지 다 모여들어 열무김치에 밥 비벼 먹고 바짓가랑이 걷어붙이고 논두렁 밭두렁 울린답니다. 소고 치고 징 울리고 그런 굿이 없답니다.

꽃봉오리 속 꿀물 흘러서
──威鳳瀑布

 세상 하는 일이사 꽃이파리 바깥의 일, 꽃봉오리 속은 바람 한 점 없는 풍경 소리도 닿지 않는 세상, 꽃봉오리 깊이 꽃물이 고이면 아주아주 조금씩 흘러나오기도 하는데 그것이 꽃이파리 바깥 세상에서는 폭포가 되는 것이랍니다.

 어제는 천지를 구별 못하게 쏟아지는 소나기 속 그 폭포를 보러 갔습니다. 부서져내리고 다시 피어오르고, 그 속에서 꽃봉오리 터지는 소리도 들렸습니다. 어쩌면 기막힌 한 말씀 들릴 것도 같았는데 그만 도망치고 말았습니다. 무서웠습니다. 꽃봉오리 속을 도망쳐나오고 있었습니다. 홰치며 봉황새 한 마리 날아오르는 것이 보였습니다.

털리는 별빛을 쪼으며 새들은
―― 飛飛落雁

  별들은 그 깜빡이는 만큼 새떼들을 거느립니다. 비비정 갈대밭에 아정거리는 새떼들을 만난 선배 시인 김정희는 여기 정자랑 짓고 시도 한 수 읊조리고 갔습니다. 우리들은 이따금씩만 여기 나와 저 도시의 밤이 썩어서 흐르는, 거품만 북적이는 갈대밭을 한참씩 바라보고 그럽니다. 새 한 마리 보내지 않는 밤하늘을 망연히 바라보고 그럽니다. 유토피아 궁전 아파트 불빛들을 셈하면서 새떼들을 생각하는 것은 부질없는 일, 지난 겨울은 낙동강 하구까지 쫓아갔습니다. 미친 바람으로 쫓아가서 갈밭 부서지는 사이로 눈빛만 나누고 헤어져 돌아왔답니다. 지금 두만강 어디쯤, 해란강 어디쯤 깃을 다듬고 있을 나의 새들을 생각합니다. 털리는 별빛들을 쪼으며 쪼으며 새들은 길을 잡아간다고 합니다.

기린봉에 달 오릅니다
──麒麟吐月

    스물아홉 젊은 장수 견훤은 저 기린 만나는 순간 의기투합하여서 참아비를 찾았습니다. 얼굴이 팥죽 같은 흙의 아비, 참아비를 기막히게도 만났습니다. 그래 뒷날 어떤 무지렁이는 흙의 자식 비아냥으로 지렁이 자식 어쩌고 하지만 진정 이 땅, 땅의 힘 받아 반월성 짓고 큰기침하고 가래침도 탁 뱉어내고 그랬답니다. 밤으로 달 오르면 거기 기린에 여의주도 물려보고 그런 모양인데 글쎄 나는 술이 흠뻑 취한 날 문득 눈홀기며 엉거주춤 있는 기린봉을 만났습니다. 이따금씩 새로 솟는 빌딩 뒤로 숨기도 하는 기린봉, 그 원심력의 끝 어디메쯤 나는 어찌할 바를 모르고 그랬습니다.

제2부
연안의 잔물살 같은

동 지

밤의 한가운데
어둠으로 깨어나는데
아내는 머리맡에 앉아
피리 구멍을 더듬고 있었습니다
음계마다 짚어오는 것은
어둠이 아닌, 새벽이 아닌
연안의 잔물살 같은
無彩의 찬란함이었습니다.

세한도

노루 꿩 메까치 메토끼
멧갓의 이런 것들 죄 들이고
눈 덮인 골짜기의 바위도 들이고
바위 밑에 아직 얼지 않은
물줄기도 끌어서
옹색한 안방 깊이까지 들여놓았습니다

딸애의 그림 속
눈이 까만 새 한 마리
빈 찻잔을 쪼아대더니, 창밖
자작나무 흰 가지 위로 올라앉습니다.

이층 창유리의 구도

산자락이 팔짱 끼면서
구름으로 몸 바꾸는 오후

가로수의 빛깔을 조금씩 나누며
사람들은 길을 갑니다

먼바다는 잠덧
화분에 갇힌 꿀벌 한 마리
쥐라기의 언덕을 날고

한겹 한겹 이층 창유리 안으로 드는
거리, 숲, 하늘

소리지르는 은행잎 사이를
새떼가 날아오릅니다.

아무렇지도 않게 맑은 날

솔 꽃가루 쌓인
토방 마루
소쩍새 울음 몇
몸 부리고 앉아
피먹진 소절을 널어
말립니다
산 발치에서는 한바탕
보춘화 꽃대궁 어지럽더니
진달래 철쭉 몸 사르더니
골짝 골짝
오늘은
아무렇지도 않게 맑은 날
쌓인 송홧가루
밭은기침을 합니다.

가을 도드리 1

강물보다 먼저 맑아진
건넛산
깊어진 강물에
붓을 빨고
나앉았습니다
머리에 두른 삼베 수건도
벗어두고
물러나 앉았습니다.
하늘이고 들판이고
휘젓던 붓자루를
던져두고
고요히도
물러나 앉았습니다.

가을 도드리 2

하늘과 땅 사이를
기차 하나가 지납니다

누런 들과
푸른 하늘을 가릅니다

세상은 미완성의 수채화
첫사랑의 뒷모습 같은

머플러 한 장 나부끼며
기차 하나
그림 속을 갑니다.

靑 梅

망울망울
남돗길 언덕
부풀거나 말거나
우리는 암 말도 못하고
고개 수그리고
보일 듯 말 듯한 정적으로
달빛이 풀어지는
그 모양으로만

멀리
바다 소리가 들렸습니다.

아미산

날을 세우며 빗질하며
한밤 내내 우련한 아미산

얼음 뒤집어쓰고
몸 비비고 있는
노린재나무 산초나무 진달래 철쭉
밤으로 지은 이야기들을
다듬는 것입니다
얼레빗 참빗 삼아
빗질을 하는 것입니다

저만큼 나앉은
고자빠기 고사목
산 너머 외딴집 고드름
아슴한 닭 울음까지
빗질을 하는 것입니다.

울음꽃

아이의 울음은
희열입니다
눈시울 가득 꽃빛입니다

부러진 가지 하나
손에 쥐면
부족할 것이 없지요

마른 가지에
갈기를 휘날리며
굽니는 강줄기도 건너뛰고

비구름 속
인당수를 또 솟구어 오릅니다

떡니가 내 보이는
앵두 입술로
안개를 풀어냅니다

다 저문 날

뿔 밑에 작은 종을 매어 달고
뿔을 관으로 쓰는 소
되새김의 시간에도
우리가 잠드는 시간에도
가만가만 종소리를 띄웁니다
뿔 너머 별밭을 우러르면
종소리가 눈물처럼 빛나는 초원
찔레꽃 피는 강언덕을 넘고
얼마를 더 가야 하는지
워낭 소리를 앞세워
다 저문 날 기침 소리도 없이
창으로 칼로는 쓰지 않는
뿔 행장을 차립니다.

제3부
톱밥 난로가 타는 방

석류, 노을

지금은 없는 백제의 미륵사 뜨락
늙은 스님까지 죄 나와
춤판을 벌이고 있었습니다

목어가 자진모리로
고개를 막 넘고
운판이 겅정거리며 따르고
범종 울면 또
법고는 소맷자락으로 땀을 훔쳤습니다

남은 햇살 석류 속살을 갈라놓고
노을을 마저 태웠습니다.

사구아로꽃

극장에도 가기 싫은
토요일은
온실 구경을 간다

잎사귀 한 장도 다 떨구고
가시만 있는 사구아로*
가시 되어 함께 서서
일어오는 모래 바람도 맞는다

몇 달이고
비 한 방울 내리지 않는
마른 땅, 소꿉친구인 양
머리띠의 추장님이 나온다

말 울음 소리인가 생각하면
어깨를 싸안 듯
등뒤로 다가서는
얼굴이 붉은 추장님

그러나 다섯시면

머리를 감아야 하고
빨래를 끝내야 한다면서 웃는
사구아로 사구아로꽃

 * 사구아로: 인디언들이 '거인' 이란 뜻으로 부르는 선인장.

지리산에서

연둣빛 바람이다
등성이 등성이 아침나절
바탕색을 비벼대더니

골짜기가 온통 잠덧이다
나무 둥치마다
꽃자줏빛 먹자줏빛 하품이더니

자작나무 물푸레나무 가지
몸살나게 휘젓고 싶은
붓대궁이다

천왕봉은 오르지도 못했다
휴식년에 든 지리산 뱀사골 노고단
작년에는 보고 온 개불알란도 못 봤다

하루 내내
쫓겨다니는
빨치산이었다.

종이학

딸애가 접어준 새는
박물관의 병풍 속을 떠나온 것
늙은 소나무의 마른 가지 끝
가볍게 차고 날아가고 싶은
그 안자락의 울음을 다 울고는
내 창가에 앉아 다시
날개를 다듬는 것이다
노루가 불로초를 뜯는 장생도의 천년을
쉽게도 펼쳐 보이는 춤
송년의 선물 꾸러미가 쌓인
백화점의 진열장을 날기도 하고
딸애가 끝내 보고 싶은
비로용담 붉은 꽃도 물고 오지!
불쑥 백 마리 천 마리나 아빠의
굽은 어깨 위에 몰려드는 토요일 오후
그래 딸애야 나서기로 하자
거리의 흩어지는 사람들 사이
홰치며 날갯짓하며.

겨울산 어둠은

산을 내리는 우리 걸음보다
몇 발 앞서 명명한 어둠이 갔다
뒤돌아보는 우리들의 이야기를
못 들은 척하는 것인가?
멈칫거리는가 다시 보면
저만큼 가고 있었다
내리막을 거침없이 훑다가도
농부들이 흘리고 간 것들까지
무엇 하나 그냥
지나치지 않았다
골짜기의 마른 고춧대, 무명대
꺾인 억새 잎에도
북 장단 두어 번 잊지 않고
매김하고 갔다
마른 싸릿가지 꺾인 채로
어둠 속을 버티어 있는 것을 보고는
봉우리에 첫눈 내리던 날
자작나무 늘어서서
휘파람 불던 이야기도 전해주었다
산비탈에 누운 고사목 고자빠기

'라' 음으로 마른기침을 했다
아득히 산 너머
눈 소식이 오고 있었다.

톱밥 난로가 타는 방

골짜기가 함몰하며
톱밥 난로가 타는 방
어두운 벽 흑백 사진으로 박혀 있는
비인 가지 산까마귀 한 마리
깃털을 세워 몸서리를 치고는
낡은 액자를 걸어나오고 있다
뒷모습을 보이고 있는 그대
솔씨 앉은 머리를 흔들어 털며
어깨 너머를 기웃거린다
우수의 깃을 펴 보이기도 한다
쌓인 눈을 차게 날리며
창밖에 바람이 일고 있다
기침을 하는 난로가 허리를 짚고
쿨럭 연기를 뿜는다
떠나온 액자 속을 올려보다가
무슨 몸서리치던 기억으로
바람 이는 먼 산을 건너보고는
마른 부리 시리도록 그대
비인 엽차 잔을 쪼아댄다
목이 마른 것만은 아닌 게다

빈 액자 속에서는
와르르와르르 산이 무너지고
그대 뒷모습만 남은 방
활활활 주물 난로가 타고
검은 눈을 껌벅이며 산까마귀는
이윽히 날개를 접는다.

불 꽃

아이들 편하다고
아파트를 얻어가는데
이사 옮길 때마다 웬만한 것들
눈 딱 감고 버리고 그랬는데
토요일 한나절을 또 불 처지른다
학교 다닐 때 썼던 원고 뭉치도 나오고
용머리 고개 호리꾼 시절도 나온다
다락에 쌓아둔 그림 속에서는 지난 겨울
쥐 한 가족이 살림을 차리고 갔다
내 자화상 어깻죽지를 새김질해서
새끼랑 키우고 나간 모양이다
꽃 피고 낙엽 지고
눈 쌓이던 동네 고샅 고샅
한 귀퉁이씩 다 새겨놓았다
싸잡아 내친 캔버스가 텃밭 한 귀
얼키고설키며 내 키를 넘는다
이렇게 활활 타는 불꽃이면
얼마나 후련한 것을
안 풀리던 세월

지글지글 기름을 태우며 떠난다
너울거리며 너울거리며 간다

선운사 동구

나는야 집 떠난 사내
칡덩굴 엉키듯 그렇게
한바탕 녹음으로
정처도 없는 떠돌이로
얼크러지고 싶었을까

뉘엿뉘엿 기운 해
오랜만에 고향 찾은
서정주 시인, 우크라이나 어디쯤
이백세주의로나 살겠다더니
백파*가 부르는 노래인가
찬 돌 앞에 혼자 남아서는
육자배기로 육자배기로
발 뻗고 있었습니다.

* 선운사 스님이었던 백파 선사와 추사는 오랜 논적이었는데 백파 선사의 부음을 듣고 쫓아와 쓴 추사의 비문이 부도 옆에 서 있다.

그냥 나도 손만 쓱 내밀고

내가 태어나던 그해
히로시마 나가사키가 깨지고
베를린의 히틀러는 제 머리통에
총알을 쏘아 박았다

영구불멸을 말하던 아인슈타인은
내가 열 살쯤 해서 먼길을 떠났다

소설가 김말봉은 『화려한 지옥』, 이러고
시인 석정은 『빙하』 『슬픈 목가』에 이어
또 한 권의 시집을 냈다

이천사십오년이 되면
내가 태어나고 꼭 일백 년 되는 해
굳이 약속 같은 것 필요없다던
아인슈타인 형 흔연하게
파이프 물고 불쑥 손을 내밀면
그냥 나도 손만 쓱 내밀고
그냥 나도 손만 쓱 내밀고

산문을 나서며

내리는 눈에 쌓여
산문이 되는 것을 보았다.

아주아주 쉬운 말로
속삭이며
산문이 되는 것을 보았다

황진이 가락으로 혹은
대원위 대감 앞에
상을 쳐대던, 은비녀 빼어 들고
상을 쳐대던
진채선의 휘모리

내리던 눈송이가
어깨동무하며
펼쳐 보이는 춤

먹빛 하늘 짙게 묻은
청설모 한 마리
여운으로 시늉하는 것이 보였다.

제4부
꽃불을 밝히고

참 꽃

거리마다 꽃집이 들어서고
이름 모를 꽃들이 피어 있다
계절을 잃어버린 꽃
꿀물을 지르르 흘리고 서 있는
가짜 같은 꽃들이 피어 있다
장독가에 피는 봉숭아 패랭이꽃
이제는 낯설고 어색하다
구별해내지 못하는 참꽃
어쩌다 만나면 낯설다
만져보고 냄새를 맡는.

팬지꽃 1

광주에 가면
서성거리는 사람을 만난다
충장로에나 금남로에나
특별한 일이 없어도
거리에 나서는
얼굴이 팥죽 같은 사람을 만난다
밤늦은 시간에도
옷 깨끗이 다려 입고
짖어대는 자동차
끄떡도 않고
골목골목을 둘러보며
길을 걷는 사람을 만난다
바람 부는 날도
말 한마디 없이
무등산 아래 지산동까지
팬지꽃* 한 송이까지 챙기며
서성이는 사람을 만나다.

* 팬지꽃: '80년 5월 광주 시가지에 피었던 꽃

팬지꽃 2

광주에 가면
시원하게 욕을 한다
비아에서 온 사람도
목포에서 온 사람도
서해 썰물을 토해낸다
비가 많이 온다고
아카시아꽃이 핀다고
하늘땅 어디고
철새가 온다고
또 욕을 한다
길가의 돌멩이까지
가릴 것 없이
싸잡아서 욕을 한다
에미도 애비도 도덕도 철학도
엿장수도 여인도 예술도
욕을 먹는다
광주에 가면
욕 잘하는 사람이
밉지가 않다.

팬지꽃 3

도청 지나
금남로 모퉁이쯤 가면
등뒤에서 바짝 다가서는
거친 숨소리를 만난다

등줄기를 가르는
서늘함
그래요 광주상고를 다닌 아재
무웅 아재 맞지요?

시멘트 포장한 골목에
굳게 찍힌
아직 거친 숨소리의
발자국 하나

얼굴도 없이 소리지르며
무등산 갈밭
도요새 울음을 울고 있다.

박꽃 피는 밤길

가정 법원을 나오면서
빈집에 들러
설거지 끝내놓고 온
만복이 엄마, 어떻게 살아왔는데
무얼 못 해주겠느냐고 두 눈 가득
물안개를 피워올린다
외판원 만복이 아빠 기죽지 말라고
오토바이 사준 것이 이제 보니
잘못이란다, 제 잘못뿐이란다
만복이 학교엘 찾아갔는데
엄마라고 부르지도 않더라고
일한답시고 잔정마저 주지 못했는데
엄마 생각이 나겠느냐 한다
돌아오는 밤길
박꽃이 희게 피어나더라고
일자리만 찾아달라 한다.

진눈깨비 속 허리를 펴는

피먹은 수숫대 몇
서걱이고 있다

추수도 내쳐버린
채마전이 간간이
무너진 밭둑 너머
밭은기침을 보내온다

성황당 고약을 구하러 가는
동학군 아내가
흘끔거리며 지나가고
어린 학도병
제 동무를 부축하고 간다

젖은 눈더미를 부리며
수숫대 하나
허리를 편다

낙오한 인민군인가?
무릎에 묻은 흙을 털며

일어선다 저만큼
꽹과리 징
눈발 너머로 피리 소리도 들린다

비료 푸대를 뒤집어쓰고
언 오지랖의 허수아비
국도를 무질러 가고 싶어한다.

통일이용원

손이 좀 뻣뻣하지만
면도사 아가씨가 오면
일 다 못 추린다고
막둥이 게으름을 달랜다
이발료 올려 받자고 투정하면
게으름 탓이라고 돌린다
어떤 놈은 머리 자르는 데
세 말 쌀값을 받아내는 데
한 되 값도 비싸다고 단호하다
오늘은 깁스한 막둥이 다리가 마뜩찮다
간판 고치러 지붕 올라간다고
인대가 끊어지느냐며
삐걱이는 간판
고무줄 친친 싸맨다
그러나 머리는 잘 감는단다
손톱을 세우면 피부가 상한다고
막둥이처럼 문질러 감아야 한다고
말끝에 안개가 풀어진다.

증권 시장

잘 어우러진
굿판이다
깨개갱 건지갱
깨개갱 건지갱
저 놈 보아라 저 놈 보아
뒤 언덕 밑을 기는
보라색 소문
소스라쳐 깨는 악몽의
이 놈들 ! 이 놈들!
머리띠 단단히 묶은 저 놈
장구허리 친친 감고
자진 가락 몰고 가는
날라리 태평소
휘모리 뒤꿈치를 밟는다.

무우게꽃

 곰이 어떻게 어둡고 긴 동굴을 견디었는가를, 동굴보다 깊은 죽음을 어떻게 이겨낸 것인가를 무우게*꽃은 알고 있습니다. 천하의 호랑이가 못 견디어 도망치는 것도 보았습니다.

 가진 것이라고는 힘밖에 없는 곰하고 호랑이, 삼칠 일을 작정하고 불러들였습니다. 비 바람 구름 풀 나무 돌까지 두루 함께 살기로 했습니다. 맵고 독한 마늘도 먹었습니다. 살 타는 쑥, 아리고 쓰린 뜸질도 했습니다. 몇 번은 천둥 소리인가 귀를 열어보았지만 적막뿐이었습니다. 들어온 문도 보이지 않았습니다.

 삼칠일째 되는 날 환웅님은 약을 달였습니다. 꼬박 굴문 밖에서 함께한 나무, 하루도 거르지 않고 꽃불을 밝히던 무우게나무였습니다. 꽃봉오리로 따끈한 차를 달이고 뿌리는 삶아 탕기에 담았습니다.

 단심(丹心)의 무우게꽃, 천둥 번개 요란스러운 날은 호랑이 울음 소리를 듣는답니다. 천지가 온통 숨을 죽이는 울음소리, 약을 달이는 동안 그만 굴문을 뛰쳐나간 호랑이, 무우게꽃은 해마다 삼칠일씩 세 번은 그때의 꽃불을 밝힌답니다.

   * 무우게: 완도 지방에서 조사된 '무궁화'의 우리말 이름

제5부
아름다운 사람들

鵲村 조병희

 까치마을 까치들이 법석으로 구름을 채색하면 백제 땅 젊은 왕들은 말갈기를 날리며 채운산으로 왔다고 그때 거기서 바람개비를 돌리고 그랬다고 다시 어린아이가 되십니다.
 우리 아버지보다 여섯 위시니 여든셋이신데 메밀국수로 점심을 때우셔도 이강주 반병을 드시는, 우리 아버지보다 몇 길 위이신 어른, 즐기시는 담배 한 갑 큰절로 올리고 뭉그적거리고 뭉그적거리고 응큼하게 그런 일이 있었는데, 그 속 누가 모를까 訥言敏行 선문답 같은 말씀으로 나를 어루시었습니다. 지금도 이따금씩 얼굴을 화닥거리게 하고 그러긴 하지만 나는 운이 좋았던 것, 아직 그만큼 기막히게 잘 빠진 초서는 어디서고 본 적이 없습니다.
 내 집에 들어서는 순간 맨 먼저 그 말씀을 대하게 되는데 누구도 한풀 꺾이고 기죽고 그러는 것을 어찌합니까.
 가람의 외조카시니 글이나 술이나 육두문자까지도 외가 혈통을 이으신 게 분명하신데 그것말고 까치마을 채운산 거기 끝이 안 보이는 갱갱이뜰 근처거나 견훤성 어디쯤 묻어두고 아직 숨기고 계신 비밀 하나 꼭은 있으신 모양입니다. 끝내 말씀은 없으시지만.

이병훈

  노인들이 수군수군 모이는 밤이 지나면 租界 땅의 아침은 능청을 떨며 더디더디 앞바다를 건너왔다고, 넙떡지만한 밭뙈기 달게 뇌야 먹던 젊은 날을 써레질한다.
  지금은 비행장 탄약들이 숨죽이는 땅, 왜놈들이 먼저 들어섰더니라고 후끈히 달아오른다.
  나는 안다. 선생은 오늘 밤 다시 홍안이 될 것이다. 먼 바다에 쏟아지는 별빛도 거둬들이고, 다시 수군수군 뒤척이기 시작하는 앞바다의 인광을 지켜보며 마른침을 뱉어낼 것이다. 조계 땅의 소년 홍안이 될 것이다.

휘파람꽃

 형님은 휘파람을 분다. 말술을 비워도 취하지 않는 구남매의 장남, 가지 끝에 매운 바람을 모아 휘파람을 분다.
 뒷산 상수리나무 뿌리째 뽑아놓고 잉잉대는 바람쯤 아니릿조로 돌리는 것이다. 깊은 밤 빈 가지의 그 터질 듯한 정적을 휘파람 부는 것이다.
 찬비 내리던 어머니의 마지막 날, 생나무 장작에 불을 지피시고는 타닥타닥 튀는 불꽃을 밤새워 지키던 휘파람.

누님꽃

누님 가시던 그 길로야
정녕 어머니는
가시지 않으셨을 거라고
먼 산을 바라고
막걸리 잔 건네고 그러는
산의 화가 민평이 형님
장갈리 엎드린 칡밭
가랑머리 가르마 길에
는개가 지나는가
골짝골짝 외딴집도 보이고
어린 송아지 염소 닭
어우러지는 소리도 들린다
봉숭아 꽃물도 비친다
누님꽃을 피워내는.

삼례 김춘식

 모악산 돌무데기야 저 생겨나기 전, 아니 이 땅의 빙하기쯤의 아픔일진대, 그게 저 그림 그리라고 일어난 변화이거니 생각했다는 친구, 사람 사는 일이나 눈비 내리고 그러는 것들 모다 그림으로 파악하면서 철이 들었다는 친구

 섣달 그믐 술추렴판에서던가? 처음 보는 건달패가 맘에 안 든다고 다가교 밑에 데려가서는 한판 뒹굴고 그런 일이 있는데, 나더러 구경만 했다고 정머리 없는 사람 어쩌고 투덜대지만 흙판에서 뒹구는 일이야 믿는 구석이 있지! 암, 그렇고말고!

 새벽 집회 때 모여들던 눈빛들이 아직 살아 있는 동학의 삼례 땅, 그 흙으로 아버지는 고을에서 기중 큰 항아리를 구워내신 분이고, 그 항아리 하나까지 모래내 장판에 거뜬히 치우신 어머니신걸

 큰아들 관리 시키는 게 원이시던 임종의 아버지, 끝내 벼슬 못하는 아드님 솥뚜껑 같은 손을 잡아주시는지 '벼슬보다는 그래 네 말대로 그림이 명이 길다' 하시며 그러쥐셨는지 마지막 주시는 손 그렇게도 힘이 있으시더라고 힘도 안 들이고 말하는 친구.

신재효

소리의 성인 신재효는
사랑을 멀리 내쳤습니다
메아리도 건너지 못할 만큼
멀리 내쳤습니다
못 견디는 그리움으로 불질러서
제 눈까지 타서 앞 못 보게 만들었습니다
남은 안타까움으로 부르는
소리 저편의 소리로만
보기로 했습니다
붉은 복사꽃 흰 오얏꽃
적막 너머에서 피어나는 것
경정경정 젓대 북 앞세우고
피어나는 것
소리로만 보기로 했습니다.

권삼득의 소리 구멍

 메워도 메워도 다시 뚫리는 구멍, 다시 뚫리고 다시 뚫려서 귀곡성 한 가락 흘러나온답니다. 살아서 다하지 못한 덜렁제, 떠돌이로 거드럭거리며 흘러나온답니다.
 가문을 더럽히고 소리한 죄, 덕석말이 몰매로 죽어가는데 마지막으로 토해낸 한마디에 지엄하신 종중 어른들 몽둥이 놓고 그 자리 울어버렸답니다. 죽어 마땅한 죄인이지만 차마 그 소리까지를 죽일 수는 없었더랍니다. 족보에서 지우고 내쫓기고 그랬습니다. 끝내 떠돌이로 흘러흘러 다니다가 죽었는데 한많은 유랑 고개 넘고 넘은 구억리 잿등, 무덤 밖으로 구멍 하나 내었답니다. 살아서 밤으로만 몰래몰래 드나들던 제 집 개구멍만하게 소리 구멍* 내었답니다.
 초라니패 남사당패 모여 몇 날 밤이고 무덤 앞에 지성을 다하면 권삼득 명창 그 소리 구멍으로 한 가락 보내주는데 내로라는 소리꾼들 그렇게 고운 소리 한마디씩 얻어가고 그런답니다.

> * 소리 구멍: 전북 완주군 용진면 구억리 명창 권삼득의 무덤 앞에 뚫려 있는 구멍.

길주 삼촌

삼 년은 살 수 있다
미나리 돌나물 현미 먹고
그리고 방사선까지 쓰면
삼 년은 더 살 수 있다
육이오 겪으면서
갈 데 없는 고아가 되고
동네 사랑방 너울대던 허기
한밤중 얼큰한 무국도 얻어먹고
생두부 우거지 가닥
문풍지 울며 등잔불 타던 소리
인제는 돌려주고 싶은
삼 년이면 돌려줄 수 있으리라 한다
즐겨 듣던 황병기의 가야금 장구 소리
다 풀어낼 수 있으리라
이 땅의 노래
테이프에 몇 개씩 담아주고
꽃도 꽃이지만 잎이라고
일찍 가신 누님 같다고
물 주는 일도 누구 시키지 않던
蘭盆도 내어놓고

안방에 걸던 그림 백두산 천지
내려놓고 독한 인터페론으로
머리 다 희어지고 빠져서 이제
피난길 언덕의 바람소리
성근 이마 쓸쓸함도 내어놓는다.

상쇠 양순용

팡팡 쳐보아라
당산나무 친친 머리띠하더니
앞산 마루를 밀어낸다
쌀 보리 담배 감자
임실 필봉 고춧값 팡팡 쳐대고
팡팡팡 또 쳐대야 한다
울울울 산천을 울린 소리가
대보름 저 달에까지 뻗쳐가서
그 소리 되오게 쳐야 한다
외쪽 눈으로 금다리까지 짓쳐올 때
꽹과리 하나로 왔다
한 사발씩 들이켜고
논두렁 밭두렁에 팡팡팡 넣어라.

제6부
그 빈자리

등꽃 아래서
──그 빈자리 1

은하를 터서
별들이 옹실거리는
강줄기를 이끌어서
납줄갱이 떡납줄갱이 모래무지
새벽빛 날개
반짝이며 오게
반짝이며 오게.

포장마차
―그 빈자리 2

내 첫사랑 같은 것들이
회청색 포장을 뒤집어쓰고
거푸집에 기대어 있다
다시 올 리 없는 사랑이
무슨 변명 같은 몸짓으로
비닐끈에 묶여
진눈깨비를 온몸으로 받는다
못 견디는 못 견디는 그리움으로
불숯덩이를 삼키고
서 있다.

적
─그 빈자리 3

숲이 소리지르고
완산칠봉은 굽이쳐 흘러도
깊어만 가는 허공
끝내 채워지지 않는
출렁거림의 바다
뜨락 가득
감꽃은
별빛으로 쏟아져서
밤을 건넌다.

저 빛, 장엄한
──그 빈자리 4

그대 앞
망망한 안개 바다
외딴 섬으로 남게 하여
비로소 일깨워주는
사랑
굽이쳐오는 환희
가장 먼 곳의 빛으로
속살거리는
저 빛, 장엄한.

용담꽃
―그 빈자리 5

처음의 이야기를 짓는 게다
절망의 한 자락 끊어낸
폭포는 건넛산
골짜기에 가 울고 다시
산허리를 감아도는 곳
골짝골짝 스무 굽이
되울고 돌아와서
새로 피어나는 꽃이파리
새벽 하늘 서느러운
고운 빛깔
뻐꾸기 울음 하나 뒤늦게
절룩거리고 쫓아와서는
꽃봉오리 속
용담에 드는 것 보인다.

낙숫물
─그 빈자리 6

깊은 밤 나를
깨우는 것은
아득한 빛
유년의 사금파리처럼
낭자한 빗줄기의
끝, 먼 강을
건너며
가슴으로
떨
어
지
는

낙숫물.

꽃잎들이 날립니다
―그 빈자리 7

눈보라 치듯
꽃잎들이 날립니다
후원 모퉁이를 돌아가는
그대 뒷모습
귀또리 울더니
겨우내 귀또리 울어쌌더니
그 흉내 그대로
선하게
꽃잎들이 날립니다
섬돌가를 돌면서 쌓입니다.

은행나무 아래서
─그 빈자리 8

어디로부터인가
빛은

은행나무는 빛살무늬
그 맵시로
함성을 만들어 터뜨린다.

벚꽃길
―그 빈자리 9

바람으로 떠돌다가
다가서는
면사포 자락이다

흐린 하늘을 뒤덮는구나
그대 안부 같은 설레임

본시 지리산 골짝이던가
한라산 언저리 어디쯤
고향이 어디인지도 모르는
떠돌이 같은 숙명을
속절없이 펄럭이고 있구나

흰 거품으로 밀려오는
바다는 오늘
백일몽의 꽃몸살이다.

발자국
―그 빈자리 10

바위 속보다 깊은
그대 발자국
종소리는
한 발자국을 지었습니다
별들이
날갯짓하며 내리는.

성에꽃
──그 빈자리 11

대답 없는 그대
피리 소리로 불러놓고
행여 창가에 다가서면
스멀스멀 멀어져가는 얼음벽
창유리 너머 제
큰 눈에 스스로 놀래어
양볼이 홍시로 붉어지느니

눈동자에 가만가만
다시 얼우어 피는
성에꽃.

눈 오는 대낮
—— 그 빈자리 12

뒤엉키며
눈이 내린다

다가서지 못할 것이면
낭자한 웃음
춤이나 추자

하늘 밖
아슬한 끝까지

못 견디는 못 견디는
춤

어쩔 것이냐.

눈 꽃
―그 빈자리 13

이승의 빛으로
이승의 몸짓으로
어둠 깊은 너머를
흐르는

그것은
소리 저편의 음률

떠돌 만큼은 떠돌고 이제
존재의 건반을 덮는
구천의 춤

오목눈이 하얀눈이 빈 둥지를 뒤로 두고
절룩거리며 그대
길 떠나려는가

무너져간 마을의
까치 소리 들린다.

목 련
──그 빈자리 14

그대에게 이르는
빛의
한가운데
내일도 어제도 아닌
낙하점의
황홀한 비상
뜨거운 입맞춤.

들길을 나서자
──그 빈자리 15

저 풍만한 가슴을
껴안는구나
잉걸불 엉겅퀴
찔레꽃
삐비꽃
반짝 빛나는
순간들은
이 다음
하늘로 올라
별이 되는가.

은하로 흐르리니
──그 빈자리 16

별들이 어떻게
은하가 되어 흐르는가를
내장산 단풍골에 들어서면
안다. 뜨겁게
몸을 사르는 함성
아득한 별자리 그대로
생명의 축제를 펼치던
봄 골짜기는 아름다웠나니
지금은 이별을 나누는
그대와 나
비취옥 출렁거리는
은하로 흐르리니

피는 꽃
——그 빈자리 17

피는 꽃
피어나는 꽃의
고운 빛깔이
아침을 여는 것을 보아라
여린 떨림으로
우주를 여는 것을 보아라
지난밤
그대 창가에
새로 피어나던
아기별을 보아라
꽃이파리마다
해맑은 웃음 소리
피워올리고 있구나

매 화
──그 빈자리 18

겨울은 내게
매화 한 가지를 주었나니
달도 해도,
별이라는 것도
허공이라는 것도
아직은 없던
맨 처음의 적막을 흔들며
연둣빛 별이 태어나던 모양이
꼭 저러하였을 것인가
매화 가지 검은 등걸을 따라
별자리를 터뜨렸을 것인가
초신성의 함성으로
아득한 적막 속에
은하를 펼쳐냈을 것인가
저 사무친 그리움을

강가에서
―그 빈자리 19

배를 띄우고
몇 번이고
건너보지만, 끝내
문을 열어주지 않는
강, 뛰어들어도
나는
젖을 수 없습니다

알몸을 드러내고
저만큼 강은
돌아눕고 있습니다.

■ 해설

고향에서 부르는 행복의 노래

김 치 수

1 사람이 일평생 살면서 가장 불행한 것이 무엇일까 질문하면서 나는, 자신이 무엇을 좋아하는지 모르거나 좋아하는 것이 없는 사람이라고, 생각한다. 물론 사는 일 자체가 힘겹고 짜증나는 것으로 엮여져 있지만 그럼에도 불구하고 그 속에 좋아할 수 있는 것, 좋아하는 것이 들어 있기 때문이다. 또 사람들이 흔히 삶의 예지라든가 삶의 기쁨이라든가 하는 말들을 할 수 있는 것은 인생이라는 고해 속에서도 인간이 스스로 기쁨을 창조할 수 있는 능력을 소유하고 있기 때문이다. 시인은 삶의 기쁨이나 행복을 노래하는 특권을 가진 사람이다. 소설가는 삶의 고통이나 불행을 그 뿌리부터 결말까지 이야기하는 사람이라면 시인은 그러한 지속적인 삶 속에서 부딪치거나 발견하는 기쁨과 행복의 순간을 포착하고 이를 노래하는 사람이다. 시인은 그런 의미에서 특별한 감각과 예리한 눈을 가진 사람이다. 그는

보통 사람들이 지나쳐버리는 삶의 순간을 포착하고 거기에 들어 있는 삶의 오묘한 진실을 간파하고 그것을 다른 사람도 느끼고 파악할 수 있게 만들기 때문이다. 소설가는 삶이 왜 부조리하고 불공평하고 괴로운 것인지 이야기하고 설명해야 하는 불행한 운명을 가지고 태어난 데 반하여 시인은 삶이 얼마나 아름답고 즐거운 것인지 노래하는 행복한 운명을 가지고 태어난 것이다. 그래서 근대 이후 불행을 이야기하지 않는 소설이 없고 행복을 노래하지 않는 시가 없다고 해도 지나친 말은 아니다.

시인과 소설가 사이에 있는 이러한 차이는 고향에 대한 인식의 차이에서도 드러난다. 소설가는 자신이 살았던 고향이 사라졌고 이 세상 어디에도 존재하지 않는다는 사실을 발견하고 거기에서 자신의 불행의 근원을 찾고자 한다. 반면에 시인은 모든 사물에서, 그리고 어디에서나 자신의 고향의 모습을 재발견하고 그때마다 행복을 노래한다. 자신이 살고 있는 세계보다 상상의 세계에 더 많은 가치를 두고 그곳에서의 삶을 꿈꾸고 있는 낭만주의 시인도 상상적 삶의 행복을 노래하고 있지만, 지상에서의 스스로의 운명을 저주받은 것으로 인식하고 그것의 극복을 위해 초월적인 어떤 것을 찾고자 했던 '저주받은 시인들'조차도 삶의 순간에 발견한 절대적인 아름다움을 자신의 행복으로 생각하고 그것을 자신의 것으로 만드는 데서 자신의 시의 완성을 보고자 한다. 그런 점에서 소설가는 불행을 이야기하기 위해 태어난 비극적 운명의 소유자라면, 시인은 매순간의 삶에서 행복을 발견하고 노래하는 초월적 세계관의 소유자라 할 수 있다. 시인의 고향은 시인의 마음속에 자리잡고 있다가 시인이 발견하는 사물들과 함께 아름다운 이미지로 나타나는 데 반하여 소설가의 잃어버린 고향은 어디에도 존재하지 않아서 그리움과 아쉬움의 대상으로 이야기된다. 그러니까 소설가는 잃어버린 것에 대한 그리움을 불행으로 이야기하고 시인은 기억 속에 남아 있는 것을 끊임없이 재발견하여 행복으로 노래한다.

산문적으로 말한다면 오늘날 현대인은 고향을 상실한 사람들이다. 하루하루 달라지는 도시나 농촌은 고향이라는 공간적 개념을 시간의 축에서 생각할 수밖에 없게 만든다. 농경 시대의 변하지 않고 존재한 고향은 언제나 '거기' 있는 것이다. 그러나 산업화 시대, 특히 후기 산업화 시대의 고향은 '어디에도' 없다. 시간이 갈수록 빨라지는 변화의 속도에 따라 어린 시절의 체험으로서의 고향은 빛 바랜 사진처럼 우리의 기억 속에서 흐려져가고 있다. 그 흐려져가고 있는 고향을 고통스럽게 느끼고 그것을 설명하고자 하는 것이 소설가의 노력이라면 흐려져가고 있는 고향의 아름다운 모습을 현실 속에서 발견할 때마다 환희로 표현하는 것이 시인의 노력이다.

진동규의 시집을 읽으면 시인의 이러한 모습을 확인할 수 있다. 그가 살고 있는 현실은 분단된 나라에서 「남북의 창」 같은 TV 프로그램이나 젖은 신문에서 볼 수 있는 평양의 거리와 그 거리에서 수신호를 보내는 '교통 안전원' 소녀를 낯선 모습으로 느끼게 하는 현실이다. 고층 빌딩이 늘어선 넓은 교차로에서 마치 기계처럼 움직이는 그 소녀의 모습에서 자신과 다른 체제에 살고 있는 삶을 보고 소녀의 머리에 한 송이 꽃을 꽂아주고 싶어한다. 그것은 그

녀의 삶에 생명의 환희를 불어넣고자 하는 시인의 마음이다. 그 경우 그의 시는 한편 한편이 그 꽃에 해당한다. 그 꽃은 특별한 것이 아니라 '내 이웃들의 이야기' '우리 동네 풍광들' '들길에서 만났던 들꽃'과 같이 나의 일상적 삶을 형성하고 있는 것을 의미한다. 분단이라는 엄숙한 현실에서 소떼를 몰고 그 장벽을 넘어가는 목가적 행동이 유머로 나타나고 있는 것처럼 시가 현실의 엄숙주의를 깨뜨릴 수 있는 부드러움의 강한 힘으로 작용할 수 있다는 시인의 생각을 드러내고 있다. 그것은 사진으로만 보는 사물화된 소녀가 우리와 같은 핏줄을 가진 존재가 될 수 있도록 생명을 불어넣는 행위이며 정서적인 존재로 만드는 행위이다. 군사적 대립으로 경직된 현실을 유연하게 만드는 것은 군복을 입은 교통 안전원의 머리 위에 한 송이 꽃과 같은 것을 꽂는 것이다.

60년대말 월남전이 한창일 때 미국에서 반전 운동을 고무하였던 마르쿠제는 반전 시위에 가담한 젊은이들에게 경찰의 방어에 폭력으로 대항하지 말고 사랑으로 대항하는 것이 훨씬 효과적이라고 권고한 바 있다. 마르쿠제는 젊은이들의 히피 운동을 진정한 평화 운동으로 생각하면서 경찰이 반전 시위를 저지하려 할 때 그들에게 화염병이나 돌맹이나 몽둥이와 같은 폭력적인 방법으로 대항하지 말고 그 자리에서 동료들끼리 사랑의 애무로 대항할 것을 권고했다. 그것이 후에 히피 운동으로 발전하여 월남전을 종결시키는 데 기여한 바 있다. 군사 문화와 전제 정권의 지배를 40여 년 이상 받아온 나라에서 머리에 한 송이 꽃을 꽂아주는 행위는 폭력적인 체제에 대항하는 탁월한 방법이다. 남쪽으로부터 쌀을 얻어가면서 간첩선을 내려보내는 것과 같은 행위로 남쪽을 긴장시키는 북쪽에 천여 마리의 소떼를 몰고 가는 것은 폭력을 유머로 제압하는 것 이상의 효과를 거둘 수 있기 때문이다.

2 진동규의 이번 시집은 그 자신이 살고 있는 고향 땅을 무척 사랑하고 있는 이야기로 가득 차 있다. 그가 사랑하는 고향은 백제 시대부터 오늘에 이르기까지 역사와 전통이 뚜렷한 전주라고 하는 특이한 장소이며, 그곳에서 역사의 영고성쇠를 함께 살다 간 사람들이며, 그들의 삶의 때가 묻어 있는 역사적 유물이고 거기에서 볼 수 있는 자연 경관들이다. 그는 자신이 노래할 수 있는 그러한 고향을 가진 시인이며 그 속에서 살고 있는 시인이라는 점에서 행복한 시인이다. 산업화 이후 대부분의 사람들이 고향을 잃어버린 슬픔을 노래하고 고향 없는 황량한 삶을 한탄하고 있는 데 반하여, 그는 아직 고향에 사는 행복을 누리고 있고 그것을 노래하는 드문 시인이다. 그는 고향의 풀 한 포기 꽃 한 송이도 놓치지 않고 그것이 가지고 있는 생명력에 감동하고 그것과 함께 숨쉬면서 산다. 그는 고향에서 많은 문우들과 교유하며 사는 행복도 누리고 있다. 그의 시 가운데 실명의 문우 이름을 가진 시들이 유난히 많은 것을 보면 그가 고향에서 사는 삶의 진정한 행복을 누리고 있다는 것을 알 수 있다.

그렇다고 해서 그의 시가 행복만을 노래하고 있는 것은 아니다. 그의 시에는 역사적으로 충성을 다하다가 살해되거나, 저항을 하다가 투옥되거나, 모반을 하다가 씨족이

멸한 사람들의 이야기가 무수하게 나온다. 뿐만 아니라 젊은 나이에 뜻을 세워 자신의 주장을 펼치다가 비극적인 종말을 겪은 그들에 비하여 오십대 중반에 들어서도 소시민적인 삶을 살고 있는 자신의 초라한 모습을 한탄하기도 한다. 그러나 여기에서 다뤄지는 비극적 종말이나 자신의 소시민적 삶이 그의 진정한 시적 대상이 아니라, '그럼에도 불구하고' 삶이 살 만한 가치가 있다는 깨달음의 경지가 그의 진정한 시적인 대상이다.

진동규의 시는 어느덧 그의 나이에 걸맞을 만큼 삶에 대한 깊은 통찰과 넓은 포용력, 그리고 넉넉한 유머 감각으로 가득 차 있다. 옛날 선비의 문인화에서 볼 수 있는 화제(畵題)와 같은 부제를 달고 있는 제1부 '기린봉에 달 오릅니다'에 실린 시들은 그가 60년대부터 살아온 전주를 중심으로 한 역사적 장소들이 풍기고 있는 역사의 향기를 노래하면서 그 향기를 맡고 있는 시인 자신이 역사의 주인공들과 내적인 대화를 갖는 훈훈한 세계를 독특한 리듬으로 그리고 있다. 「눈썹 끝에 연꽃 피는」에서 젊은 장수 견훤의 모습을 그리고 있는 시인은 실패한 장수의 꿈이 마치 「서동요」의 설화를 실현하는 데 있는 것으로 파악하고 있다. 그래서 연못을 파고 연꽃을 피게 한 견훤이 '무왕' 대에 현신하지 않은 미륵의 세계를 실현하고자 한 꿈을 가졌지만 실패하고 그의 꿈이 연꽃으로만 남아 있는 애절한 사연을 시인은 노래한다. '눈썹 끝자리에 연못을 파고 연꽃을 피게' 한 시인의 선시(禪詩) 같은 상상력은 한편으로 선화 공주를 본 서동처럼 가슴 두근거리는 체험을 하면서 다른 한편으로는 실패한 장수의 비통한 염원을 읽어낸다. '금산 미륵'을 노래하는 「숯이 다 된 가슴 쓸어드리고」에서 시인은 견훤의 비극적 존재를 미륵의 재현으로 표현하고 있다. "길이 타고 들이 타고 산이 타서 된 숯"을 모아 못을 메우고 그 위에 미륵전을 세우고 미륵에게 빌면 "견훤의" "미륵 같은 아들" 하나는 틀림없이 얻는다는 이 시는 미륵의 세계의 도래를 꿈꾸는 고향 사람들의 순박한 모반의 꿈과 그러한 정서의 밑바닥에 자리잡고 있는 견훤의 모습을 그대로 보여준다. 시인의 역사적 상상력은 관조의 행복한 세계를 그리고 있지만 그 밑에는 실패한 장수의 비통한 염원이 깔려 있다.

그의 시에는 유난히도 견훤에 관한 이야기가 많이 나온다. 「누른 잎 지고 풍경 소리 깊습니다」에서도 정몽주에 관한 상념에 사로잡히면서 정몽주가 이성계의 쿠데타를 알고 견훤성에 올라서 "만경대(萬景臺) 누른 잎 지고 풍경 소리 깊습니다'고 바위에 새겨놓은 글을 보며 시인은 정몽주의 발소리를 듣고 있다. 시인은 여기에서 조선 왕조를 세운 '이성계'에게는 아무런 존칭을 쓰지 않고 있다. 뿐만 아니라 「좁은목 약수를 마십니다」에서 이성계의 선조에 대해서 "도조인지 익조인지 환조인지"라고 표현함으로써 태조 이성계의 선조에 대해서 마치 어떤 필부쯤으로 호칭을 사용하고 있다. 게다가 이성계의 비범한 출생을 이야기하기 위한 한벽당의 전설을 들어서 혼자만 살아나오고 수많은 민중들을 피 흘려 죽게 만든 것으로 해석하고 있는 것은 성공한 쿠데타를 역사의 정통성으로 받아들이는 역사 해석에 정면으로 위배되는 입장을 취하고 있다. 반면에 고려의 마지막 충신 정몽주에게는 '선생'이라는 존칭을 붙이고 있고 또 후백제를 세우려 했던 젊은 장수 견훤에게는 '야심찬 대왕님'이라는 존칭을 사용하고 있다. 실패한 장수인 견훤이나 패배한 충신 정몽주에 대해서 존칭을 사용하고 있는 것은 백제의 꿈을 실현하고자 한 장수의 뜻이나 고려 왕국의 정통성을 살리고자 한 충신의 애국심이 시인의 마음속에 감동으로 자리잡고 있음을 의미한다. 그것이 꺾이고 짓밟힌 점에서 아까워하고 이루어지지 못한 점에서 안타까워하는 시인의 마음의 표현이다. 그러나 시인은 그런 역사 앞에서 자신의 절망이나 낙심을 노골적으로 드러내는 것이 아니라 그 패배 속에 감추어져 있는 의연함과 정당함을 노래함으로써 역사의 내면에 숨겨진 진실을 말하고자 한다.

진동규의 시세계가 전에 볼 수 있었던 것보다 훨씬 큰 감동을 주는 것은 역사적 아이러니가 가지고 있는 비극적 감정을 자기 안에서 소화해내는 대범한 시적 정신에 기인하고 있는 것으로 보인다. 그래서「댁건너 대수리를 잡습니다」같은 시에서는 '정여립의 난'으로 반역자의 씨족을 멸하고 그 앞에 흐르는 전주천 물길마저 돌려놓았다는 모반의 땅이 가지고 있는 핍박과 원한의 역사를 고발하고 과장하는 것이 아니라, 밤이면 자신들의 삶의 잔해들을 찾아 나섬으로써 그 슬픔을 내면화시키고 있다. 그래서 왜 모반의 땅, 저주받은 땅처럼 취급되고 있는지, 이 땅의 지역 감정의 뿌리를 찾고 있는 시인의 마음은 겉으로는 '아무렇지 않은' 것 같지만 내면에 깊은 슬픔을 감추고 있다. 한벽당 병풍 바위 밑에 나오는 약수를 받기 위해 오늘의 전주 시민이 아우성치며 모여들지만, 그곳은 이태조의 선조가 비를 피하다가 바위가 무너지는 순간 빠져나와 목숨을 건진

반면에 피하지 못한 민중들이 바위에 깔려 죽은 자리이다. 오늘날 그곳을 성역처럼 생각하고 있지만 사실은 그곳의 약수를 받고자 몰려드는 민중들의 피가 배어 있는 곳으로 시인은 보고 있다.

시인의 이러한 역사 인식은 역사적 슬픔을 끊임없이 내면화시키면서 장자적인 풍모를 보이지만 때로는 활시위를 당기는 행위를 노래함으로써 감추어진 공격성을 드러내기도 한다.

휘어도 휘어도 꺾일 수 없는 활, 하루에도 몇 번씩 시위를 당깁니다. 수렁에 빠져도 사는 그 억척의 물소뿔을 휘어 쑤꾸욱 쑥쑤꾹 억겁의 세월 날고 풀어 시위를 당깁니다.
진안 곰티재 아기바투 목구멍에 쏘아 박고 만수산 드렁칡을 당기어 정몽주 뒤통수에 날린 살, 단풍보다 더 붉게 다가산을 덮어흐르던 동학의 꽃붉은 함성, 타는 보리 모가지에 또 한 대 살을 날립니다.
금강 섬진강 만경강 황토땅 흐르던 파랑새 울음을 시위는 울어줍니다. 맨발의 견훤대왕 등창에 박히어 울던 살, 오늘은 그대 가슴의 찬 바위에 쏘아 박을 한 대 살을 재어봅니다. 시위를 당깁니다.

——「파랑새 울음 웁니다」 전문

이 시에서 "휘어도 휘어도 꺾일 수 없는 활, 하루에도 몇 번씩 시위를 당깁니다"고 한 것은 시를 쓰는 행위를 활을 쏘는 행위로 바꿔 읽게 만든다. 그가 쏘는 화살이 '정몽주 뒤통수에 날린 살'이며 '동학의 꽃붉은 함성, 타는 보리 모가지에' 날린 살이고 '견훤대왕 등창에 박히어 울던 살'이다. 그가 쏘는 화살이 역사를 바꿔놓은 화살인 것처럼 그가 쓰는 시는 역사에 대한 새로운 해석이다. '하루에도 몇 번씩 시위를 당'기는 것처럼 시인은 하루에도 몇번씩 시를 쓴다. 그래서 그의 시는 때로 격렬해서 독자의 마음에 전율을 일으키고 서릿발 같은 원한을 느끼게 한다.

그러나 진동규의 시세계가 풍요롭게 느껴지는 것은 위에 인용한 시와 같이 단색으로 된 것이 아니기 때문이다. 마치 경쾌하게 노래하는 듯한 다음의 시를 보자.

그저 그만그만한 등성이 논두렁 밭두렁 흐르는 삼천천, 雨田面 가랑비를 완산 제일의 경관으로 꼽았습니다. 병풍처럼 둘러친 층암 절벽도 없고 한 자락 폭포도 없지만, 봄이면 황도 백도 흐드러졌거니, 삿갓에 도롱 입고 오는 벗 있으면 무릉이 따로 있겠느냐고 입바른 사람들은 말들을 하지만, 가라고 가랑비 있으라고 이슬비, 베 적삼 젖어보지 않고 하시는 말씀이지요. 玉女峰 臥牛峰 天蠶峰에 베틀 매어놓고 치르는 그 야단법석을 보지 못하고 하시는 말씀이지요. 하늘에서 실비 내리는 게 아니라 금실은실 하늘로 뽑아 올리는 것, 하늘잎을 먹고 자란 하늘누에, 하늘실 뽑아 올리는 것, 베 짜는 옥녀 옆에 눈 큰 황소 물무늬 눈물무늬로 워낭 소리 먹여대면 호남들은 온통 잔치만, 우금치 나갔던 동학군까지 다 모여들어 열무김치에 밥 비벼 먹고 바짓가랑이 걷어붙이고 논두렁 밭두렁 울린답니다. 소고 치고 징 울리고 그런 굿이 없답니다.

—「가라고 가랑비 있으라고 이슬비」 전문

이 시는 전주를 둘러싸고 있는 완산벌을 노래한 시이다. 큰 산도 없고 큰 물도 없는 평평한 완산벌에 가랑비 내리는 평화로운 풍경을 민요적인 가락으로 노래하고 있다. 논밭으로 이루어진 호남벌의 행복은 가뭄 들지 않고 풍년 드는 것이다. 하늘로부터 가랑비 내리는 풍경을 보면서 멀리 있는 옥녀봉, 와우봉, 천잠봉에 베틀 메놓고 금실은실을 하늘로 뽑아 올리는 것으로 보고 있다. 평화의 상징 가랑비 내리면 "동학군까지 다 모여들어 열무김치에 밥 비벼 먹고" 북치고 장구 치며 잔치가 벌어진다. 호남 지방의 행복은 모든 사람이 함께 먹고 마시며 어울리는 행복이다. 그러나 그 가운데에도 "가라고 가랑비 있으라고 이슬비" 같은 구절은 경쾌한 운율에도 불구하고 이별과 만남이 교차하는 슬픔이 깔려 있다. "우금치 나갔"던 동학군이 돌아왔다고 하지만, 거기에는 죽어서 돌아오지 못한 사람도 있다. 그러나 그들은 죽어서 돌아오지 못한 사람들의 소식을 묻는 것이 아니라 살아 있는 사람들끼리 잔치를 벌인다. 겉으로 보이는 평화와 잔치의 흥겨움 속에 이별과 슬픔의 고통이 감추어져 있다. 게다가 시의 리듬이 민요적이기 때문에 고풍스러우면서도 흥겹다.

 이러한 시들을 읽으면 진동규 시인은 역사의 때가 묻은 자기 고향의 삶에 대한 역사적 상상력에 사로잡혀 있는 시인 같지만 사실은 자연 속에 있는 보이지 않는 변화가 가지고 있는 무시무시한 힘을 뚫어보는 관찰력을 가진 시인이다. 「꽃 봉오리 속 꿀물 흘러서」는 한 송이 꽃이 피어나는 모습을 선시(禪詩) 같은 관점에서 묘사하고 있다. "세상 하는 일이사 꽃이파리 바깥의 일"이라고 하는 것은 우리의 일상 생활이 아무리 복잡하고 막강한 힘을 갖고 있어서도 꽃봉오리 속에서 일어나는 생명의 현상에는 아무런 영향을 미치지 못한다는 것을 의미한다. "꽃봉오리 속은" 바람 한 점도 없고 "풍경 소리도 닿지 않는 세상"이라고 한 것은 꽃의 세계가 그것만의 독자적인 세계임을 말한다. 꽃봉오리 속에 고인 꽃물이 조금씩 흘러나오고 있는 것을 바깥 세상의 폭포로 표현한 것은 선시의 세계관을 드러내는 것이다. 이 세상의 어떤 폭포도 꽃봉오리를 터지게 하지 못하지만 꽃물은 꽃봉오리를 터지게 하기 때문이다. 꽃봉오리가 터지는 것을 보면서 그 안에서 봉황새가 날아오를 것을 상상하는 것은 자연의 보이지는 않지만 거대한 힘을 느낄 수 있는 사람만이 할 수 있는 상상력이다. 이러한 자연의 힘을 느낄 수 있을 때 시인은 자신의 삶의 풍요를 어디에서 찾을 수 있는지 알게 된다. 그는 자연 친화적인 세계에서 자신의 삶의 정체성을 찾고자 하지만 현실은 그를 자연으로부터 멀어지게 만든다. 「털리는 별빛을 쪼으며 새들은」이라는 시를 보면 시인이 꿈꾸는 세계와 현실적인 세계 사이의 거리를 알 수 있다.

    별들은 그 깜박이는 만큼 새떼들을 거느립니다. 비비정 갈대밭에 아정거리는 새떼들을 만난 선배 시인 김정희는 여기 정자랑 짓고 시도 한 수 읊조리고 갔습니다. 우리들은 이따금씩만 여기 나와 저 도시의 밤이 썩어서 흐르는, 거품만 북적이는 갈대밭을 한참씩 바라보고 그럽니다. 새 한 마리 보내지 않는 밤하늘을 망연히 바라보고 그럽니다. 유토피아 궁전 아파트 불빛들을 셈하면서 새떼들을 생각하는 것은 부질없는 일, 지난 겨울은 낙동강 하구까지 쫓아갔습니다. 미친 바람으로 쫓아가서 갈밭 부서지는 사이로 눈빛만 나누고 헤어져 돌아왔답니다. 지금 두만강 어디쯤, 해란강 어디쯤 깃을 다듬고 있을 나의 새들을 생각합니다. 털리는 별빛들을 쪼으며 쪼으며 새들은 길을 잡아간다고 합니다. ——「털리는 별빛을 쪼으며 새들은」 전문

여기에서 시인은 추사 김정희의 시화(詩畵)를 눈앞에 두고 있다. 비비정이라는 정자나 갈대밭의 기러기떼를 그려 놓고 이 시의 부제(副題)로 비비낙안(飛飛落雁)이라고 적어놓고도 현실 속의 시인은 비비정에 와서 도시의 '궁정아파트'만 보게 된다. 그래서 지난 겨울에 시인은 낙동강 하구에까지 찾아가서 철새를 보고자 하지만, 철새는 눈빛만 나누고 어디로 가고 도시의 썩은 물과 갈대밭만 볼 수 있다. 별빛을 쪼으며 북으로 날아간 철새떼를 상상하는 시인은 궁전아파트 불빛과 살고 있는 자신을 발견한다. 그 자신은 오십 중반에 술에 취해서 빌딩 숲에 가린 기린봉을 보게 된 시인이지만, 스물아홉에 기린봉에 와서 자신의 참 아비를 만난 견훤을 생각한다. 자연 속에서 있어도 역사적 상상력을 떠날 수 없는 시인의 운명은 그래서 슬픈 것이다.

3 진동규는 시인이면서 동시에 화가이다. 그의 시는 화가이면서 시인이 쓴 시라는 것을 뚜렷하게 알 수 있게 한다. 그의 시 가운데 많은 것들은 화가가 아니면 그릴 수 없는 묘사로 가득 차 있다. 이 시집의 제1부에 실린 시들은 모두 옛날 문인화에서 볼 수 있는 시제(詩題) 혹은 화제가

붙어 있다. 시서화에 모두 능한 것이 우리의 전통적인 선비의 모습이라면 그는 옛날 선비 같은 시인이다. 그가 한밤에 잠자지 않고 깨어서 일하는 '아내'를 노래한 「동지」 같은 시는 그의 시가 가지고 있는 회화적 요소의 극치를 보여주고 있다. 동짓달 긴긴 밤에 헌옷을 꿰매고 있는 아내의 모습을 '연안의 잔물살 같은/무채의 찬란함이었습니다'라고 표현할 수 있는 것은 '무채의 찬란함'을 아는 화가만이 쓸 수 있는 표현이다. 그러한 표현은 추사 김정희의 「세한도」가 가지고 있는 추위 속의 따뜻함, 빈곤 속의 풍요로움을 옹색한 안방에서 발견하는 「세한도」라는 시에서도 나타난다. 딸아이가 그린 그림 속의 새 한 마리가 현실 속의 자작나무 위로 올라앉는다는 시인의 상상력은 옛날 문인들이 그린 「세한도」와 현재의 딸이 그린 그림 사이에 유사 관계가 있음을 말한다. 「가을 도드리 1」은 가을 풍경을 그리고자 한 화가가 그림을 그리지 못하고 풍경을 감상하는 데 취해버린다. 「아무렇지도 않게 맑은 날」은 송홧가루가 날고 소쩍새가 울고 진달래 철쭉이 피고 있는 맑은 봄날의 평화로운 풍경을 그리고 있다. 이처럼 진동규가 보는 세상은 '미완성의 수채화'처럼 한두 가지 물감으로 선을 그은 듯하다. 시인은 그 그림을 완성시키고 싶지만 그의 시에서 대상의 묘사를 완성시켰다는 느낌을 받지 못한다. 시인이 시를 계속 쓰는 것은 자신의 작품을 미완으로 느끼고 그것을 완성시키고자 하는 욕망을 가지고 있기 때문이다.

　진동규의 시에는 시인의 역사적 상처가 여기저기에서 나타난다. 그것은 시인이 상처받은 영혼의 소유자라는 것을 의미한다. 그럼에도 불구하고 그는 가을 들판을 지나가는 기차를 보면 한 폭의 미완의 수채화를 그리고자 한다. 문명의 이기들이 자연을 파괴하지만 그 속에 이름없는 꽃이 피어 수채화를 이루듯이 그는 그것을 시로 옮기고자 한다. 그가 꽃에 관한 시를 많이 쓰고 있는 것은 우연이 아니다. 그에게는 고샅길과 거기에 피어 있는 풀꽃으로 표현할 수 있는 고향의 정서가 넘쳐나고 있다. 그는 사라져가는 것을 붙들기 위해 투쟁하는 시인이 아니다. 사라져가는 것 속에 남아 있는 아름다움을 붙들기 위해 한 순간도 놓치지 않고자 하는 시인이다. 그에게서 시는 삶의 지주이다. 그는 시인의 운명이 시에 의지해서 살 수밖에 없다고 생각하는 시인이다. 그래서 그의 시는 상상과 현실, 언어와 현실 사이의 경계를 허물고자 한다. 딸아이가 접은 종이학이 십장생도 속으로 들어가기도 하고, 그림 속의 새가 현실 속의 엽차 잔을 쪼아대기도 하는 환상적 상상력은 시와 삶의 행복한 만남이라고 할 수밖에 없다. 그의 시세계가 풍요로워진 것은 그가 시와 삶의 경계선을 허물고자 한 그의 노력에서 비롯된 것 같다.